cookies et petits biscuits

Ludovic PELGAS

Dormonval
CH – LUCERNE

préparation très simple
préparation facile
préparation élaborée

peu coûteuse
raisonnable
chère

Photographies : SAEP/Annabelle ROSE et Frédéric PERRIN.
Coordination : SAEP/Éric ZIPPER.
Composition et photogravure : SAEP/Arts Graphiques.
Impression : Union Européenne.

Conception : SAEP CRÉATION
68040 INGERSHEIM - COLMAR

Les cookies ou les sablés ont une place de choix au moment du thé, mais un bon cookie le matin au petit-déjeuner est un plaisir auquel il faut goûter.

Les cookies sont des biscuits croustillants et friables. Ils nous viennent de la culture anglo-saxonne. En anglais, le mot « cookie » désigne tout biscuit sucré ou sec. En France, le cookie est surtout connu pour ses pépites de chocolat, mais d'autres cookies sans chocolat sont tout aussi bons. Une pâte pour cookies peut être conservée facilement au congélateur.

Le sablé est un petit gâteau sec et friable fait de farine, de sucre, d'œuf et de beurre mélangés rapidement jusqu'à une consistance sableuse d'où son nom « sablé ».

LES INGRÉDIENTS

Pour faire de la bonne pâtisserie, il faut choisir des bons ingrédients, des œufs frais, par exemple, ou encore de la farine qui n'aura pas été stockée depuis longtemps au fond d'un tiroir. Il vaut mieux donc acheter des ingrédients en quantité raisonnable.

LA FARINE

La farine utilisée est de la farine de blé (ou farine de froment).

Deux éléments essentiels sont à retenir :

– l'amidon, qui va donner du volume à la pâtisserie en étant transformé par les levures ;

– le gluten, qui permet d'étirer la pâte en lui donnant son élasticité.

Différentes farines de blé sont proposées. Elles sont classées par rapport à la quantité de matières minérales qu'elles contiennent : c'est « le taux de cendres ». Moins il y a de matières minérales, plus la farine est pure.

Ainsi, la farine la plus pure est la farine de type 45, fine, blanche et qui ne contient pas de son ni de germe du grain. C'est la farine par excellence pour la pâtisserie.

Certaines farines, appelées farines de gâteaux, contiennent déjà de la levure. Pour la définition, « tamiser » de la farine revient à la passer dans une passoire pour l'aérer. Si on lui ajoute de la levure ou de la poudre de cannelle ou de noisette, il faudra la tamiser de nouveau, les ingrédients seront ainsi bien mélangés.

LA LEVURE

La levure chimique est utilisée dans les recettes de ce livre. Mélanger dès le début la levure à la farine lui permet d'être bien répartie dans toute la pâte et de faire son travail uniformément. On la trouve dans le commerce souvent sous la forme de petits sachets de 11 grammes.

Pour une recette nécessitant 200 grammes de farine, un demi-sachet suffit. On pourra aussi utiliser du bicarbonate de soude à la place de la levure.

Le bicarbonate de soude agit comme la levure au contact d'un acide. Il peut donc être utilisé dans les recettes avec du jus d'orange ou de citron.

LE BEURRE

Il faut utiliser du beurre frais non salé, fin ou extrafin. Il sera mis à température ambiante, bien ramolli en pommade ou fondu (en le passant quelques secondes au four à micro-ondes).

LES ŒUFS

Les œufs ont différents calibres ; pour nos recettes, on utilisera des œufs de gros calibre entre 65 et 75 grammes. Il faut qu'ils soient frais ou extrafrais (9 jours après la ponte).

LES SUCRES

Le sucre en poudre est très fin, il s'incorpore donc bien aux blancs ou aux jaunes d'œufs.

Le sucre glace est le plus fin de tous les sucres, il ressemble à de la poudre. Il est utilisé pour les nappages.

Le sucre vanillé est un sucre blanc ou roux qui contient de l'extrait de vanille. Il y a aussi le sucre « vanilliné », c'est du sucre en poudre additionné de vanille de synthèse que l'on trouve en sachets dans tous les commerces.

La cassonade est le sucre brun (non raffiné) ou sucre de canne issu du sirop de canne à sucre.

LE CHOCOLAT

Le meilleur chocolat sera le chocolat noir à 70 % de cacao, dont l'arôme tient bien à la cuisson.

LES USTENSILES

• **Le fouet.** Il faut du courage pour l'utiliser à la place du batteur électrique. Mais il donnera un bon rendu pour la montée des blancs en neige.

• **Une spatule** pour décoller les biscuits de la plaque après la cuisson et pour racler le reste de pâte sur les bords du saladier.

• **La grille à pâtisserie** permet de laisser refroidir les biscuits après la cuisson, ils s'aèrent ainsi par-dessous comme par-dessus.

• **Le pinceau,** pour réussir vos chefs-d'œuvre ; il servira à dorer les pâtes avec un jaune d'œuf.

• **L'emporte-pièce** est une sorte de moule sans fond qui découpe dans la pâte des petites formes selon vos désirs (en cœur, en sapin de Noël, en étoile, en triangle, en cercle...).

• **La poche à douilles et ses douilles.** Dans le cas où la pâte est assez malléable, on pourra utiliser une poche à douille avec une douille large pour façonner des disques de pâte au lieu de les dessiner en aplatissant des tas de pâte avec le dos d'une cuillère.

• **La cuillère à glace** a une capacité qui permet de prendre de la pâte et de confectionner un petit tas qui, s'abaissant par lui-même à la cuisson, donnera un magnifique cookie.

TOURS DE MAIN

LA PÂTE

Pour obtenir une bonne pâte sablée : le sablage (farine, levure, sucre et beurre) s'effectue du bout des doigts, dans un premier temps assez rapidement, puis on prend le mélange par petits morceaux que l'on frotte entre les paumes des mains. On ajoute ensuite l'eau, le lait ou les œufs. On mélange rapidement le tout. Puis il faut mettre la pâte en boule ou en boudin et la laisser reposer.

La pâte est soit abaissée puis découpée avec un emporte-pièce, soit roulée en boudin puis découpée en tranches fines.

LES BLANCS EN NEIGE

Mettez les blancs d'œufs dans un bol et commencez à fouetter doucement jusqu'à ce qu'ils moussent. Fouettez-les alors plus rapidement pour qu'ils aient une bonne consistance mais pas trop ferme (sinon ils auront du mal à s'incorporer).

LA CUISSON

Pour connaître la température en fonction du thermostat il suffit de multiplier par 30 pour avoir une équivalence correcte. Par exemple, un thermostat 5 donne environ 150 °C, un thermostat 6, 180 °C. Ces indications sont faites pour les fours électriques traditionnels.

Pour les cookies, préchauffez le four entre 180 °C (th. 6) et 200 °C (th. 6-7), la cuisson sera plus rapide et les cookies seront croustillants en surface et moelleux au milieu.

Pour les sablés, disposez-les sur une plaque de cuisson beurrée ou recouverte de papier sulfurisé en les espaçant bien (comptez à peu près 3 cm entre chaque sablé).

Si les sablés se sont collés ensemble, découpez-les aussitôt sortis du four.

Le nombre de personnes : les recettes du livre sont calculées pour 5 ou 6 personnes soit 3 ou 4 cookies ou biscuits par personne. De quoi faire une vingtaine de cookies ou biscuits.

Cookies américains

220 g de farine / 1/2 sachet de levure / 60 g de sucre roux / 60 g de sucre blanc / 1 sachet de sucre vanillé / 1 œuf / 100 g de beurre fondu / 1 cuil. à café de miel / 60 g de pépites de chocolat / Une pincée de sel.

Prép. : 15 min – Cuiss. : 12 min   5 pers.

Dans un saladier, mélanger la farine, la levure, les sucres, le sel, le sucre vanillé.

Dans un bol, battre l'œuf et y ajouter le beurre fondu.

Mettre la préparation beurre et œuf dans le saladier de farine.

Mélanger à la spatule puis à la main. La pâte va devenir granuleuse, pétrir encore pour la rendre plus homogène.

Ajouter le miel et les pépites de chocolat (blanc, noir ou au lait) et mélanger de nouveau.

Avec une cuillère à boules de glace, faire des petits tas de pâte et façonner des cookies d'environ 5 cm de diamètre et 1/2 cm d'épaisseur.

Les disposer sur la plaque du four recouverte de papier sulfurisé en les espaçant.

Enfourner à 190-200 °C (th. 6-7) pour 12 minutes par fournée.

Laisser refroidir un peu avant de les décoller et de les disposer sur une grille.

Les cookies doivent être moelleux au centre et croquants sur les bords.

Cookies au chocolat au lait

250 g de farine / 1/2 sachet de levure / 70 g de sucre blanc / 1 sachet de sucre vanillé / 1 œuf / 100 g de beurre fondu / Une tablette de chocolat au lait / Une pincée de sel.

Prép. : 15 min – Cuiss. : 12 min 5 pers.

Dans un saladier, mélanger la farine, la levure, le sucre, le sel et le sucre vanillé.

Dans un bol, battre l'œuf et y ajouter le beurre fondu.

Mettre la préparation beurre et œuf dans le saladier de farine.

Mélanger à la spatule puis à la main. La pâte va devenir granuleuse, pétrir encore pour la rendre plus homogène.

Ajouter le chocolat au lait ramolli et malaxer de nouveau, la pâte doit être non plus cassante mais bien homogène.

Avec une cuillère à soupe ou une cuillère à boules de glace, faire des petits tas de pâte. Façonner des cookies d'environ 5 cm de diamètre et 1/2 cm d'épaisseur.

Les disposer sur la plaque du four recouverte de papier sulfurisé en les espaçant.

Enfourner à 190-200 °C (th. 6-7) pour 12 minutes par fournée.

Laisser refroidir puis disposer les cookies sur une grille.

Les cookies doivent être moelleux au centre et croquants sur les bords.

Cookies au chocolat blanc

250 g de farine / 1/2 sachet de levure / 170 g de beurre mou / 190 g de sucre roux / 1 œuf / 220 g de chocolat blanc / 100 g d'amandes hachées / 5 g de sel.

5 pers. Prép. : 15 min – Cuiss. : 12 min
Repos : 1 h

Dans un saladier, mélanger la farine et la levure. Faire ramollir le beurre au four micro-ondes (30 à 40 secondes) et y incorporer le sucre roux et le sel. Bien fouetter le mélange et ajouter l'œuf.

Mettre la préparation beurre et œuf dans le saladier de farine.

Mélanger à la spatule puis à la main. La pâte va devenir granuleuse, pétrir encore pour la rendre plus homogène.

Couper le chocolat blanc en petits morceaux. Incorporer les amandes, le chocolat. Bien mélanger pour obtenir une pâte homogène. Travailler la pâte et lui donner une forme de boule puis continuer le travail pour lui donner une forme de boudin de 5 cm de diamètre. Envelopper le boudin dans du film plastique et le mettre 1 heure au réfrigérateur.

Détailler le boudin en rondelles de 1/2 à 1 cm d'épaisseur. Les disposer sur une plaque de cuisson, enfourner à 180 °C (th. 6) et cuire pendant 12 minutes.

Laisser refroidir les cookies sur une grille.

Cookies au café et au chocolat noir

200 g de farine / 1/2 sachet de levure / 60 g de sucre roux / 30 g de sucre en poudre / 1 sachet de sucre vanillé / 2 cuil. à soupe de café soluble / 30 g de poudre d'amande / 1 cuil. à soupe de miel / 1 œuf / 100 g de beurre fondu / 100 g de chocolat noir / Une pincée de sel.

Prép. : 10 min – Cuiss. : 12 min 5 pers.

Dans un saladier, mélanger la farine, la levure, les sucres, le sel, le café, la poudre d'amande et le miel.

Dans un bol, battre l'œuf et y ajouter le beurre fondu.

Mettre la préparation beurre et œuf dans le saladier de farine.

Mélanger à la spatule puis à la main. La pâte va devenir granuleuse, pétrir encore pour la rendre plus homogène.

Ajouter le chocolat noir ramolli et malaxer de nouveau.

Avec une cuillère à soupe ou une cuillère à boules de glace, faire des petits tas de pâte. Façonner des cookies d'environ 5 cm de diamètre et 1/2 cm d'épaisseur.

Les disposer sur la plaque du four recouverte de papier sulfurisé en les espaçant.

Enfourner à 190-200 °C (th. 6-7) et cuire pendant 12 minutes par fournée. Pour des cookies plus moelleux, réduire la cuisson, pour des cookies bien craquants, les cuire jusqu'à ce qu'ils dorent.

Laisser refroidir puis disposer les cookies sur une grille.

Cookies aux deux chocolats

120 g de chocolat noir / 120 g de chocolat blanc / 100 g de beurre / 50 g de sucre roux / 30 g de sucre en poudre / 1 sachet de sucre vanillé / 1 œuf / 1 cuil. à café d'extrait de vanille liquide / 200 g de farine / 30 g de poudre d'amande / 1/2 sachet de levure / Une pincée de sel.

5 pers. Prép. : 20 min – Cuiss. : 12 min

Casser les chocolats en petits éclats inégaux.

Battre le beurre ramolli avec les sucres. Lorsque le mélange devient pâle, ajouter l'œuf et l'extrait de vanille.

Incorporer ensuite la farine, la poudre d'amande et la levure en remuant la préparation. Enfin, ajouter les deux chocolats.

Mélanger à la spatule puis à la main. La pâte va devenir granuleuse, pétrir encore pour la rendre plus homogène.

Sur une plaque recouverte de papier sulfurisé, déposer de petites cuillerées de pâte, en les espaçant bien.

Enfourner à 190 °C (th. 6-7) et cuire les cookies pendant 12 minutes.

Cookies chocolat-noix

150 g de farine / 1/2 sachet de levure chimique / 100 g de chocolat / 70 g de beurre / 1 œuf / 70 g de sucre en poudre / 80 g de noix hachées grossièrement / Une pincée de sel.

Prép. : 20 min – Cuiss. : 10 à 14 min 5 pers.

Dans un saladier, mélanger la farine, la levure et le sel.

Faire fondre le chocolat et le beurre séparément.

Dans un bol, battre l'œuf et y ajouter le beurre fondu et le sucre.

Mélanger à la spatule puis à la main.

Ajouter le chocolat au mélange œuf-sucre puis ajouter le mélange farine et enfin parsemer les noix. La pâte va devenir granuleuse, pétrir encore pour la rendre plus homogène.

Avec une cuillère à glace, faire des tas espacés sur une plaque couverte de papier sulfurisé ou beurrée. Les façonner en aplatissant un peu de manière à avoir des rondelles de 5 à 6 cm de diamètre et de 1/2 à 1 cm d'épaisseur.

Enfourner à 180 °C (th. 6) et cuire pendant 10 minutes pour obtenir des cookies bien moelleux à l'intérieur. Augmenter un peu la durée de cuisson pour des cookies plus craquants (au maximum 14 minutes).

Les sortir du four et les déposer à refroidir sur une grille.

Cookies aux noisettes et chocolat au lait

150 g de farine / 1/2 sachet de levure chimique / 100 g de chocolat au lait en tablette / 70 g de beurre / 70 g de sucre / 1 œuf en poudre / 80 g de noisettes entières / Une pincée de sel.

Prép. : 20 min – Cuiss. : 10 à 14 min 5 pers.

Dans un saladier, mélanger la farine, la levure et le sel.

Faire fondre le chocolat au lait et le beurre.

Mélanger le sucre à l'œuf. Broyer les noisettes en petits éclats.

Ajouter le chocolat au mélange œuf-sucre puis ajouter le mélange farine puis les noisettes broyées.

Avec une cuillère à glace, faire des tas espacés sur une plaque couverte de papier sulfurisé ou farinée. Les façonner en aplatissant un peu de manière à avoir des rondelles de 5 à 6 cm de diamètre et de 1/2 à 1 cm d'épaisseur.

Enfourner à 180 °C (th. 6) et cuire pendant 10 minutes pour obtenir des cookies bien moelleux à l'intérieur. Augmenter un peu la durée de cuisson pour des cookies plus craquants (au maximum 14 minutes).

Les sortir du four et les déposer à refroidir sur une grille.

Cookies au chocolat et à la noix de coco

120 g de farine / 1/2 sachet de levure chimique / 90 g de beurre / 1 œuf / 80 g de sucre en poudre / 1 sachet de sucre vanillé / 100 g de noix de coco râpée / 100 g de pépites de chocolat / Une pincée de sel.

Prép. : 15 min – Cuiss. : 12 min 5 pers.

Dans un saladier, mélanger la farine, la levure et le sel.

Faire fondre le beurre et le mélanger à l'œuf battu, ajouter le sucre, le sucre vanillé, le mélange de farine et mélanger pour obtenir une pâte granuleuse puis homogène. Ajouter la noix de coco râpée et les pépites de chocolat.

Préchauffer le four à 180 °C (th. 6).

Avec une cuillère à glace, faire des tas bien espacés sur une plaque couverte de papier sulfurisé ou farinée. Les façonner en aplatissant un peu de manière à avoir des rondelles de 5 à 6 cm de diamètre et de 1/2 à 1 cm d'épaisseur.

Enfourner à 180 °C (th. 6) et cuire pendant 10 à 12 minutes. Les sortir et laisser refroidir sur une grille.

Cookies au chocolat blanc et aux pruneaux

220 g de farine / 1 sachet de levure / 100 g de sucre en poudre / 100 g de beurre mou / 1 œuf / 110 g de chocolat blanc / 150 g de pruneaux moelleux / Une pincée de sel.

5 pers. Prép. : 15 min – Cuiss. : 10 à 12 min

Dans un saladier, mélanger la farine, la levure, le sel et le sucre.

Faire fondre le beurre et le mélanger dans l'œuf battu puis incorporer ce mélange à la farine. Bien mélanger pour obtenir une pâte granuleuse puis homogène.

Casser le chocolat en petits éclats et couper les pruneaux (dénoyautés) en petits dés ; les incorporer à la pâte.

Avec une cuillère à glace, faire des tas bien espacés sur une plaque couverte de papier sulfurisé ou farinée. Les façonner en aplatissant un peu de manière à avoir des rondelles de 5 à 6 cm de diamètre et de 1/2 à 1 cm d'épaisseur.

Enfourner à 180 °C (th. 6) et cuire pendant 10 à 12 minutes. Les sortir et laisser refroidir sur une grille.

Cookies marbrés aux pépites de chocolat

220 g de farine / 1/2 sachet de levure / 60 g de sucre roux / 30 g de sucre en poudre / 1 œuf / 100 g de beurre fondu / 100 g de pépites de chocolat.

Pour la pâte noire : *2 cuil. à soupe de cacao amer / 3 cl de lait.*

Pour la pâte blanche : *1 œuf.*

Prép. : 10 min – Cuiss. : 8 min — 5 pers.

Réunir les ingrédients secs dans un saladier : farine, levure, sucres. Les mélanger puis diviser le mélange dans 2 saladiers. Ajouter le cacao dans l'un des saladiers.

Battre l'œuf dans un bol puis ajouter le beurre fondu. Incorporer la moitié dans chaque saladier d'ingrédients secs. Incorporer le lait dans la pâte au cacao et l'œuf dans la pâte blanche. Mélanger dans chaque pâte 50 g de pépites de chocolat.

Prendre 1 cuillerée de pâte noire et 1 autre de pâte blanche. Souder ces 2 cuillerées et déposer la boule sur une plaque à pâtisserie couverte de papier sulfurisé. Répéter l'opération pour finir les pâtes. Bien espacer les cookies et enfourner pour 8 minutes à 210 °C (th. 7).

Pour varier les cookies, ne prendre que de la pâte blanche ou que de la pâte noire...

Cookies aux flocons d'avoine, aux raisins secs et au chocolat

220 g de farine / 1/2 sachet de levure / 60 g de sucre roux / 30 g de sucre blanc / 1 sachet de sucre vanillé / 1 œuf / 100 g de beurre fondu / 2 tasses de flocons d'avoine / 1,5 tasse de raisins secs / 110 g de pépites de chocolat noir / Une pincée de sel.

Prép. : 15 min – Cuiss. : 12 min 5 pers.

Dans un saladier, mélanger la farine, la levure, les sucres et le sel.

Dans un bol, battre l'œuf et y ajouter le beurre fondu.

Mettre la préparation beurre et œuf dans le saladier de farine. Mélanger à la spatule puis à la main.

Ajouter les flocons d'avoine et les raisins secs puis les pépites de chocolat et mélanger de nouveau jusqu'à l'obtention d'une pâte homogène.

Avec une cuillère à glace, faire des tas bien espacés sur une plaque couverte de papier sulfurisé ou farinée. Les façonner en aplatissant un peu de manière à avoir des rondelles de 5 à 6 cm de diamètre et de 1/2 à 1 cm d'épaisseur.

Enfourner à 180 °C (th. 6) et cuire pendant 10 à 12 minutes. Les sortir et laisser refroidir sur une grille.

Cookies au beurre de cacahuète

200 g de farine / 1/2 sachet de levure / 100 g de beurre fondu / 40 g de sucre blanc / 60 g de cassonade / 1 cuil. à café d'extrait de vanille / 1 œuf / 200 g de beurre de cacahuète / 1/2 cuil. à café de sel (sauf si le beurre de cacahuète semble déjà assez salé).

Prép. : 15 min – Cuiss. : 12 min — 5 pers.
Repos : 1 h

Dans un bol, mélanger la farine, la levure et éventuellement le sel. Dans un saladier, mélanger le beurre fondu avec les sucres jusqu'à l'obtention d'un mélange crémeux. Ajouter l'extrait de vanille et l'œuf battu puis le beurre de cacahuète et mélanger. Ajouter la farine et malaxer à la main pour obtenir une pâte granuleuse puis homogène.

Laisser reposer 1 heure au réfrigérateur.

Avec une cuillère à soupe ou une cuillère à glace, faire des petits tas de pâte. Façonner des cookies d'environ 5 cm de diamètre et 1/2 cm d'épaisseur.

Les disposer sur la plaque du four recouverte de papier sulfurisé en les espaçant bien.

Enfourner à 170 °C (th. 5-6) et cuire 12 minutes par fournée.

Laisser refroidir puis disposer les cookies sur une grille.

Cookies au citron

2 jaunes d'œufs / 100 g de sucre en poudre / 120 g de beurre / 240 g de farine / 1/2 sachet de levure / Le jus de 1 citron.

Prép. : 15 min – Cuiss. : 12 min 5 pers.

Dans un saladier, mélanger les jaunes d'œufs, le sucre et le beurre fondu, battre le mélange. Ajouter la farine et la levure puis mélanger afin d'obtenir une pâte homogène.

Faire des petits tas de pâte. Façonner des cookies d'environ 5 cm de diamètre et 1/2 cm d'épaisseur. Les disposer sur la plaque du four recouverte de papier sulfurisé en les espaçant.

Cuire 12 minutes dans le four à 180 °C (th. 6) puis sortir les cookies du four et les badigeonner de jus de citron alors qu'ils sont encore mous. Laisser refroidir.

Cookies aux flocons d'avoine

1 œuf / 80 g de sucre en poudre / 1 cuil. à café d'extrait de vanille / 6 cl de lait / 120 g de beurre / 200 g de farine / 1/2 sachet de levure / 100 g de raisins secs / 130 g de flocons d'avoine / Une pincée de sel.

Prép. : 15 min – Cuiss. : 15 min 5 pers.

Dans un saladier, mélanger l'œuf battu, le sucre, l'extrait de vanille, le lait, le sel et le beurre fondu. Ajouter la farine et la levure puis mélanger afin d'obtenir une pâte homogène. Ajouter les raisins secs et les flocons d'avoine. Mélanger de nouveau pour obtenir une pâte homogène.

Avec une cuillère à glace, faire des petits tas de pâte. Façonner des cookies d'environ 5 cm de diamètre et 1/2 cm d'épaisseur. Les disposer sur la plaque du four recouverte de papier sulfurisé en les espaçant.

Cuire 12 à 15 minutes dans le four à 180 °C (th. 6). Après les avoir sortis, laisser refroidir les cookies sur une grille.

Cookies aux fruits secs

50 g d'abricots secs / 100 g de sucre roux / 125 g de beurre / 1 jaune d'œuf / 220 g de farine / 1/2 sachet de levure / 70 g de raisins secs / Une pincée de sel.

Prép. : 10 min – Cuiss. : 12 min 5 pers.

Couper les abricots secs en dés.

Dans un saladier, mélanger le sucre roux, le sel et le beurre fondu puis ajouter le jaune d'œuf. Mélanger en ajoutant la farine et la levure. Ajouter les abricots secs et les raisins secs et mélanger de nouveau.

Faire des petits tas de pâte. Façonner des cookies d'environ 5 cm de diamètre et 1/2 cm d'épaisseur. Les disposer sur la plaque du four recouverte de papier sulfurisé en les espaçant.

Enfourner pour 12 minutes dans le four à 180 °C (th. 6).

Sortir les cookies, les laisser sécher sur le papier puis les décoller une fois refroidis.

Cookies au gingembre

1 œuf / 50 g de sucre en poudre / 70 g de sucre roux / 1 cuil. à café de gingembre en poudre / 90 g de beurre / 200 g de farine / 1/2 sachet de levure / 80 g de gingembre confit / 1 cuil. à café d'extrait de vanille / Une pincée de sel.

5 pers. Prép. : 15 min – Cuiss. : 15 min

Dans un saladier, mélanger l'œuf, les sucres, le sel, le gingembre en poudre et le beurre fondu. Ajouter la farine et la levure puis mélanger afin d'obtenir une pâte granuleuse puis homogène. Ajouter les morceaux de gingembre confit et l'extrait de vanille. Mélanger de nouveau.

Avec une cuillère à glace, faire des petits tas de pâte. Façonner des cookies d'environ 5 cm de diamètre et 1/2 cm d'épaisseur. Les disposer sur la plaque du four recouverte de papier sulfurisé en les espaçant.

Cuire 15 minutes dans le four à 180 °C (th. 6). Laisser refroidir les cookies sur une plaque.

Cookies aux graines de sésame

90 g de cassonade / 100 g de beurre / 1 œuf / 240 g de farine / 1/2 sachet de levure / 60 g de graines de sésame / 1 cuil. à café de cannelle / 80 g de flocons d'avoine / Une pincée de sel.

Prép. : 15 min – Cuiss. : 15 min 5 pers.

Dans un saladier, mélanger la cassonade, le sel et le beurre fondu puis ajouter l'œuf et battre. Mélanger en ajoutant la farine et la levure. Ajouter les graines de sésame, la cannelle et les flocons d'avoine puis mélanger de nouveau.

Faire des petits tas de pâte. Façonner des cookies d'environ 5 cm de diamètre et 1/2 cm d'épaisseur. Les disposer sur la plaque du four recouverte de papier sulfurisé en les espaçant.

Enfourner pour 15 minutes dans le four à 180 °C (th. 6).

Cookies light

1 œuf / 90 g de sucre en poudre / 10 cl de crème fraîche légère 5 % / 200 g de farine / 1/2 sachet de levure / 75 g de chocolat noir / 1 cuil. à café d'extrait de vanille / Une pincée de sel.

Prép. : 15 min – Cuiss. : 12 min 5 pers.

Dans un saladier, mélanger l'œuf battu, le sucre, la crème légère et le sel. Ajouter la farine et la levure puis mélanger afin d'obtenir une pâte granuleuse puis homogène. Ajouter les éclats de chocolat noir et l'extrait de vanille. Mélanger de nouveau pour obtenir une pâte homogène.

Avec une cuillère à glace, faire des petits tas de pâte. Façonner des cookies d'environ 5 cm de diamètre et 1/2 cm d'épaisseur. Les disposer sur la plaque du four recouverte de papier sulfurisé en les espaçant.

Cuire 12 minutes dans le four à 190 °C (th. 6-7). Laisser refroidir les cookies sur une grille.

Cookies aux marshmallows

100 g de marshmallows / 100 g de vergeoise blonde / 100 g de beurre / 1 œuf / 220 g de farine / 1/2 sachet de levure / 80 g de chocolat en morceaux / Une pincée de sel.

Prép. : 15 min – Cuiss. : 12 min 5 pers.

Couper les marshmallows en petits morceaux et les mettre à congeler.

Dans un saladier, mélanger la vergeoise, le sel et le beurre fondu puis ajouter l'œuf et battre. Mélanger en ajoutant la farine et la levure. Ajouter le chocolat et les morceaux de marshmallows (congelés, ils cuiront moins vite et garderont une forme). Mélanger de nouveau pour obtenir une pâte granuleuse puis homogène.

Faire des petits tas de pâte. Façonner des cookies d'environ 5 cm de diamètre et 1/2 cm d'épaisseur. Les disposer sur la plaque du four recouverte de papier sulfurisé en les espaçant.

Enfourner pour 12 minutes dans le four à 190 °C (th. 6-7).

Laisser refroidir, avant de les disposer sur une grille.

Cookies miel et avoine

1 œuf / 100 g de sucre roux / 125 g de beurre / 220 g de farine / 1/2 sachet de levure / 100 g de flocons d'avoine / 10 cl de miel / 3 cuil. à café d'extrait de vanille.

Prép. : 15 min – Cuiss. : 12 min 5 pers.

Dans un saladier, mélanger l'œuf battu, le sucre et le beurre fondu. Ajouter la farine et la levure puis mélanger afin d'obtenir une pâte homogène. Ajouter les flocons d'avoine puis le miel et l'extrait de vanille. Mélanger de nouveau pour obtenir une pâte homogène.

Avec une cuillère à glace, faire des petits tas de pâte. Façonner des cookies d'environ 5 cm de diamètre et 1/2 cm d'épaisseur. Les disposer sur la plaque du four recouverte de papier sulfurisé en les espaçant.

Cuire 12 minutes dans le four à 180 °C (th. 6). Après les avoir sortis, laisser refroidir les cookies sur une grille.

Les cookies « petits messages »

110 g de beurre mou / 100 g de cassonade / 1 cuil. à café de gingembre / 1 œuf / 200 g de farine / 1/4 de cuil. à moka de bicarbonate de soude / Une pincée de sel.

5 pers. Prép. : 10 min – Cuiss. : 12 min
Réfrigération : 2 h

Écrire des messages de bonne fortune sur 20 petits carrés de papier à glisser dans les cookies.

Mélanger le beurre fondu avec le sel, la cassonade et le gingembre jusqu'à l'obtention d'une texture proche de celle d'une pommade. Incorporer l'œuf battu puis la farine et le bicarbonate. Mélanger de nouveau pour obtenir une pâte granuleuse puis homogène.

Rouler la pâte puis la façonner en un boudin de 7 cm de diamètre. L'entourer d'un film plastique et la laisser reposer au réfrigérateur pendant 2 heures.

Retirer la pâte du film et la détailler en disques d'environ 1 cm d'épaisseur. Disposer les disques sur la plaque de cuisson du four recouverte de papier sulfurisé. Enfourner à 170 °C (th. 5-6) et cuire pendant 12 minutes.

Sortir un par un les cookies. Planter les petits « papiers messages » pliés sur le haut de chacun des cookies quand ils sont encore souples. Laisser refroidir.

À chacun de découvrir le message qui lui correspond en croquant dans son cookie !

Cookies aux noix

100 g de noix / 90 g de cassonade / 90 g de beurre / 1 œuf / 240 g de farine / 1/2 sachet de levure / Une pincée de sel.

Prép. : 15 min – Cuiss. : 12 min 5 pers.

Décortiquer les noix et les concasser en petits morceaux.

Dans un saladier, mélanger la cassonade, le sel et le beurre fondu puis ajouter l'œuf et battre. Mélanger en ajoutant la farine et la levure. Ajouter les noix et mélanger de nouveau.

Faire des petits tas de pâte. Façonner des cookies d'environ 5 cm de diamètre et 1/2 cm d'épaisseur. Les disposer sur la plaque du four recouverte de papier sulfurisé en les espaçant.

Enfourner pour 12 minutes à 180 °C (th. 6).

Cookies aux poires

1 poire mûre / 90 g de sucre roux / 100 g de beurre fondu / 1 œuf / 200 g de farine / 1/2 sachet de levure / Une pincée de sel.

5 pers. Prép. : 15 min – Cuiss. : 12 min

Couper la poire en quatre, enlever les pépins et couper des petits dés.

Dans un saladier, mélanger le sucre, le sel et le beurre fondu puis ajouter l'œuf. Mélanger en ajoutant la farine et la levure.

Mélanger à la main et ajouter les morceaux de poire puis former une pâte bien homogène.

Avec une cuillère à soupe ou une cuillère à glace, faire des petits tas de pâte. Façonner des cookies d'environ 5 cm de diamètre et 1/2 cm d'épaisseur.

Les disposer sur la plaque du four recouverte de papier sulfurisé en les espaçant.

Enfourner à 180 °C (th. 6) et cuire 12 minutes.

Laisser refroidir en disposant les cookies sur une grille.

Cookies aux poires et aux noisettes

2 poires / 60 g de sucre roux / 80 g de beurre / 2 œufs / 200 g de farine / 1/2 sachet de levure / 80 g de pépites de chocolat / 160 g de noisettes hachées / 1 cuil. à soupe de sirop de poire (ou d'eau-de-vie de poire) / Une pincée de sel.

Prép. : 15 min – Cuiss. : 12 min 5 pers.

Couper les poires en quatre, enlever les pépins et couper des petits dés.

Dans un saladier, mélanger le sucre, le sel et le beurre fondu puis ajouter les œufs. Mélanger en ajoutant la farine et la levure. Ajouter les pépites et les noisettes hachées.

Mélanger à la main, ajouter les morceaux de poire et le sirop de poire (ou l'eau-de-vie de poire) et former une pâte bien homogène.

Avec une cuillère à glace, faire des petits tas de pâte. Façonner des cookies d'environ 5 cm de diamètre et 1/2 cm d'épaisseur.

Les disposer sur la plaque du four recouverte de papier sulfurisé en les espaçant.

Enfourner à 190 °C (th. 6-7) pour 12 minutes.

Laisser refroidir en disposant les cookies sur une grille.

Cookies aux raisins et à la cannelle

1 œuf / 80 g de sucre en poudre / 2 cuil. à café de cannelle en poudre / 90 g de beurre / 200 g de farine / 1/2 sachet de levure / 80 g de raisins secs / 1 cuil. à café d'extrait de vanille.

Prép. : 15 min – Cuiss. : 15 min 5 pers.

Dans un saladier, mélanger l'œuf, le sucre, la cannelle en poudre et le beurre fondu. Ajouter la farine et la levure puis mélanger afin d'obtenir une pâte granuleuse puis homogène. Ajouter les raisins secs et l'extrait de vanille. Mélanger de nouveau.

Avec une cuillère à glace, faire des petits tas de pâte. Façonner des cookies d'environ 5 cm de diamètre et 1/2 cm d'épaisseur. Les disposer sur la plaque du four recouverte de papier sulfurisé en les espaçant.

Cuire 15 minutes dans le four à 190 °C (th. 6-7). Laisser refroidir les cookies sur une grille.

Cookies aux raisins et aux amandes

1 œuf / 80 g de sucre en poudre / 1 cuil. à café d'extrait de vanille / 90 g de beurre / 200 g de farine / 1/2 sachet de levure / 100 g de raisins secs / 130 g d'amandes concassées avec leur peau.

5 pers. Prép. : 15 min – Cuiss. : 15 min

Dans un saladier, mélanger l'œuf battu, le sucre, l'extrait de vanille et le beurre fondu. Ajouter la farine et la levure puis mélanger afin d'obtenir une pâte homogène. Ajouter les raisins secs et les amandes concassées. Mélanger de nouveau pour obtenir une pâte homogène.

Avec une cuillère à glace, faire des petits tas de pâte. Façonner des cookies d'environ 5 cm de diamètre et 1/2 cm d'épaisseur. Les disposer sur la plaque du four recouverte de papier sulfurisé en les espaçant.

Cuire 15 minutes dans le four à 180 °C (th. 6). Laisser refroidir les cookies sur une grille.

Cookies au sirop d'érable

220 g de farine / 1/2 sachet de levure / 50 g de sucre blanc / 100 g de beurre fondu / 15 à 20 cl de sirop d'érable (selon l'envie de sucré).

Prép. : 15 min – Cuiss. : 12 min 5 pers.

Dans un saladier, mélanger la farine, la levure, le sucre. Ajouter le beurre fondu.

Mélanger à la main jusqu'à ce que la boule de pâte s'émiette. Ajouter le sirop d'érable pour former une pâte onctueuse en malaxant de nouveau la pâte doit être non plus cassante mais bien homogène.

Avec une cuillère à soupe ou une cuillère à glace, faire des petits tas de pâte. Façonner des cookies d'environ 5 cm de diamètre et 1/2 cm d'épaisseur.

Les disposer sur la plaque du four recouverte de papier sulfurisé en les espaçant.

Enfourner à 180 °C (th. 6) pour 12 minutes par fournée.

Laisser refroidir puis disposer les cookies sur une grille.

Les cookies doivent être moelleux au centre et croquants sur les bords.

On peut répartir des pépites de chocolat sur les cookies à mi-cuisson.

À base de cookies

Gâteau aux cookies

100 g de beurre / 70 g de cassonade / 200 g de cookies (noix, deux chocolats, citron, flocons d'avoine, etc.) / 170 g de chocolat / 20 cl de crème fraîche liquide.

○○○**O** ✕✕ Prép. : 10 min – Réfrigération : 5 h 5 pers.

Dans un saladier, mélanger le beurre fondu et la cassonade. Casser les cookies en morceaux et les mélanger au beurre fondu sucré. Mettre cette préparation dans un plat rond.

Faire fondre le chocolat et y ajouter la crème liquide puis mélanger pour obtenir une préparation bien onctueuse. Verser cette préparation dans le plat rond en recouvrant bien les cookies. Mettre au réfrigérateur pendant 5 heures afin de bien faire prendre les cookies dans le chocolat.

Milk-shake aux cookies

1 banane / 50 cl de lait très froid / 20 g de sucre en poudre / 4 ou 5 cookies parfumés selon son goût.

○○○**O** ✕✕ Prép. : 10 min 1 pers.

Couper la banane en rondelles. Passer au mixeur le lait, le sucre, la banane et 3 ou 4 cookies (en garder un) jusqu'à l'obtention d'un mélange épais.

Émietter le dernier cookie pour décorer le dessus du milk-shake servi dans des verres.

Glace aux cookies

50 cl de crème fraîche / 4 jaunes d'œufs / 35 cl de lait concentré / 4 cuil. à café d'extrait de vanille (ou d'eau de fleur d'oranger) / 10 cookies.

2 pers. Prép. : 10 min – Congélation : 5 à 8 h

Dans un bol, battre la crème fraîche au fouet.

Dans un saladier, battre les jaunes d'œufs jusqu'à épaississement, incorporer le lait concentré, l'extrait de vanille et les cookies en morceaux. Mélanger et incorporer la crème battue.

Verser le mélange dans un moule (ou plusieurs petits ramequins) et mettre au congélateur plusieurs heures.

Sablés à l'anis

2 œufs / 160 g de sucre en poudre / 3 cuil. à soupe de grains d'anis / 200 g de farine.

Prép. : 30 min – Cuiss. : 15 min 5 pers.

Dans un saladier, battre les œufs et le sucre au fouet pendant 20 minutes afin d'obtenir une mousse épaisse et blanche. Ajouter les grains d'anis et incorporer doucement la farine.

Disposer des petits tas de pâte à l'aide d'une cuillère à glace sur une plaque recouverte de papier sulfurisé (ou farinée).

Enfourner à 180 °C (th. 6) et cuire 15 minutes.

Sablés au citron

100 g de beurre / 220 g de farine / 90 g de sucre en poudre / 2 jaunes d'œufs / Le jus de 1 citron / Une pincée de sel.

Prép. : 15 min – Cuiss. : 15 min 5 pers.
Repos : 30 min

Faire ramollir le beurre, ajouter la farine, le sucre, le sel et les jaunes d'œufs dans un saladier. Bien mélanger en pétrissant la pâte.

Ajouter le jus de citron tout en mélangeant. Former une boule et la mettre au réfrigérateur pendant 30 minutes.

Avec un rouleau, abaisser la pâte sur une épaisseur de 4 à 5 mm. Découper les biscuits avec un emporte-pièce. Disposer les gâteaux sur la plaque du four recouverte de papier sulfurisé.

Enfourner à 180 °C (th. 6) et cuire 15 minutes jusqu'à ce qu'ils soient bien dorés.

Sablés au chocolat et à la fleur de sel

150 g de chocolat noir / 130 g de beurre / 170 g de farine / 30 g de cacao en poudre / 100 g de cassonade / 30 g de sucre en poudre / 4 g de fleur de sel.

Prép. : 15 min – Cuiss. : 12 min — 5 pers.
Réfrigération : 2 h

Casser le chocolat en morceaux. Faire ramollir le beurre dans un bol. Dans un saladier, mélanger farine et cacao en poudre. Ajouter au beurre la cassonade, le sucre et la fleur de sel. Mélanger et incorporer les morceaux de chocolat noir. Incorporer ce mélange à la farine et malaxer un peu la pâte.

Réaliser des boudins de pâte d'un diamètre de 5 cm, les envelopper de film plastique et les réserver au réfrigérateur, pendant 2 heures.

Sortir les boudins de pâte du réfrigérateur, enlever le film plastique et les découper en rondelles de 0,5 cm à 1 cm d'épaisseur. Disposer les gâteaux sur la plaque du four recouverte de papier sulfurisé. Cuire 12 minutes dans le four à 180 °C (th. 6).

Petits sablés à la cannelle

150 g de beurre / 130 g de cassonade / 4 cl de crème fraîche épaisse / 150 g de farine / 2 cuil. à café de cannelle en poudre / 1/2 sachet de levure / Une pincée de sel.

30 sablés env. Prép. : 20 min – Cuiss. : 8 min
Repos : 1 h

Dans un saladier, battre le beurre et la cassonade (au fouet électrique) jusqu'à ce que le mélange devienne crémeux et léger. Ajouter la crème et mélanger.

Dans un bol, mélanger la farine, la cannelle, la levure et le sel. Puis tamiser ces ingrédients dans le beurre sucré. Bien mélanger l'ensemble.

Former 2 saucissons de pâte (3 cm de diamètre environ), dans 2 feuilles de film étirable, les enrouler ensuite dans du papier d'aluminium et les placer au congélateur pendant 1 heure.

Recouvrir 2 plaques à pâtisserie de papier sulfurisé. Couper des tronçons de 1 cm d'épaisseur environ et les disposer sur les plaques en les espaçant bien (compter à peu près 5 cm entre chaque sablé). Cuire 8 minutes à 190 °C (th. 6-7). Si les sablés sont collés ensemble, les découper aussitôt sortis du four. Laisser tiédir 5 minutes hors du four sur les plaques puis les placer sur une grille jusqu'à ce qu'ils soient froids.

Sablés aux graines de sésame

2 jaunes d'œufs / 80 g de beurre / 60 g de sucre en poudre / 200 g de farine / 30 g d'amandes effilées / 30 g de graines de sésame.

Prép. : 15 min – Cuiss. : 15 min 6 pers.

Dans un saladier, battre les jaunes d'œufs, ajouter le beurre ramolli puis le sucre. Ajouter la farine et bien mélanger en pétrissant la pâte. Ajouter les amandes et les graines de sésame, mélanger de nouveau à la main.

Former une boule puis, avec un rouleau, abaisser la pâte sur une épaisseur de 5 mm.

Découper les biscuits avec un emporte-pièce. Disposer les gâteaux sur la plaque du four recouverte de papier sulfurisé. Cuire 15 minutes dans le four à 180 °C (th. 6) jusqu'à ce qu'ils soient bien dorés.

Sablés marbrés

100 g de beurre / 50 g de sucre en poudre / 1 jaune d'œuf / 1 cuil. à soupe de lait / 200 g de farine / 1 cuil. à soupe de cacao / 1 sachet de sucre vanillé.

Prép. : 15 min – Cuiss. : 15 min 5 pers.

Dans un saladier, battre le beurre avec le sucre puis ajouter le jaune d'œuf et le lait. Tamiser la farine et pétrir.

Partager la pâte en deux parts égales. Ajouter le cacao dans l'une des pâtes et le sucre vanillé dans l'autre part de pâte.

Rouler chaque pâte en boule puis les rassembler en une boule sans trop les mélanger et abaisser la pâte au rouleau sur une épaisseur de 5 mm.

Découper les biscuits avec un emporte-pièce. Disposer les gâteaux sur la plaque du four recouverte de papier sulfurisé.

Cuire 15 minutes dans le four à 190 °C (th. 6-7) jusqu'à ce qu'ils soient bien dorés.

Sablés de Milan

100 g de beurre / 220 g de farine / Le zeste râpé de 1 citron / 90 g de sucre en poudre / 3 jaunes d'œufs / 1 cuil. à café de cognac (ou de rhum) / Une pincée de sel.

Prép. : 15 min – Cuiss. : 15 min
Réfrigération : 30 min
5 pers.

Faire ramollir le beurre et mettre tous les ingrédients (en réservant 1 jaune d'œuf) dans un saladier. Bien mélanger en pétrissant la pâte. Former une boule et la mettre au réfrigérateur pendant 30 minutes. Avec un rouleau, abaisser la pâte sur une épaisseur de 4 à 5 mm. Découper les biscuits avec un emporte-pièce. Disposer les gâteaux sur la plaque du four recouverte de papier sulfurisé. Les badigeonner avec le jaune d'œuf battu restant et les rayer légèrement avec une fourchette.

Cuire 15 minutes dans le four à 180 °C (th. 6), ils doivent à peine blondir. Après les avoir sortis, laisser refroidir les biscuits sur une grille.

Sablés à l'orange et aux amandes

200 g de farine / 80 g de sucre en poudre / 120 g d'amandes en poudre / 100 g de beurre / 1 œuf / Le zeste râpé de 1 orange.

Prép. : 15 min – Cuiss. : 10 min
5 pers.

Dans un saladier, mélanger la farine, le sucre et les amandes en poudre. Faire ramollir le beurre et l'ajouter à la farine en mélangeant. Ajouter l'œuf et le zeste d'orange et pétrir la pâte en formant une boule.

Avec un rouleau, abaisser la pâte sur une épaisseur de 4 à 5 mm. Découper les biscuits avec un emporte-pièce. Disposer les gâteaux sur la plaque du four recouverte de papier sulfurisé. Cuire 10 minutes dans le four à 180 °C (th. 6) jusqu'à ce qu'ils soient bien dorés.

Sablés noix et amandes

90 g de sucre en poudre / 1 œuf + 1 jaune / 100 g de beurre / 220 g de farine / 30 g de cerneaux de noix râpés / 30 g d'amandes en poudre / Une pincée de sel.

Prép. : 15 min – Cuiss. : 12 min — 5 pers.
Réfrigération : 2 h

Dans un saladier, mélanger le sucre, l'œuf entier et le beurre fondu. Ajouter la farine puis les cerneaux de noix râpés et les amandes en poudre et continuer de mélanger.

Former une boule de pâte, l'envelopper d'un film plastique et la déposer au réfrigérateur plusieurs heures.

Travailler la pâte au rouleau pour l'abaisser sur une épaisseur de 4 à 5 mm.

Avec un emporte-pièce rond (ou un verre retourné aux bords assez fins), découper les biscuits.

Les disposer sur la plaque du four recouverte de papier sulfurisé en les espaçant et les badigeonner avec le jaune d'œuf battu en utilisant un pinceau.

Cuire 12 minutes dans le four à 180 °C (th. 6). Après les avoir sortis, laisser refroidir les biscuits sur une grille.

Sablés de Quiberon

20 cl de crème fraîche / 8 g de sucre glace / 220 g de farine / 130 g de beurre salé / 100 g de sucre en poudre / 1 œuf / Une dizaine de fraises.

Prép. : 15 min – Cuiss. : 10 min — 5 pers.
Réfrigération : 4 h

Monter une chantilly : verser la crème dans un saladier et ajouter le sucre glace. Battre au fouet électrique en augmentant la vitesse au fur et à mesure. Laisser reposer au réfrigérateur au moins 2 heures.

Dans un saladier, mélanger la farine, le beurre ramolli et le sucre. Travailler la pâte pour la rendre sablée. Incorporer l'œuf et pétrir de nouveau. Laisser reposer 2 heures au réfrigérateur.

Avec un rouleau, abaisser la pâte sur une épaisseur de 4 à 5 mm. Découper les biscuits avec un emporte-pièce. Disposer les gâteaux sur la plaque du four recouverte de papier sulfurisé. Enfourner pour 10 minutes dans le four à 180 °C (th. 6) jusqu'à ce qu'ils soient bien dorés.

Juste avant de servir, décorer les biscuits avec un peu de chantilly surmontée d'une fraise.

Sablés au romarin

2 œufs + 1 jaune / 120 g de sucre en poudre / 6 cl d'huile d'olive / 4 cl de rhum / 4 branches de romarin / 250 g de farine.

Prép. : 15 min – Cuiss. : 12 min — 6 pers.
Réfrigération : 30 min

Dans un saladier, battre les œufs, le jaune d'œuf et le sucre afin d'obtenir une mousse blanche et épaisse. Ajouter l'huile d'olive tiède, le rhum et les feuilles de romarin. Incorporer doucement la farine et pétrir la pâte pour la rendre homogène.

Former une boule puis la rouler en boudin. Envelopper le boudin dans un film plastique et le mettre au réfrigérateur pendant 30 minutes.

Avec un rouleau, abaisser la pâte sur une épaisseur de 5 mm. Découper les biscuits avec un emporte-pièce. Disposer les gâteaux sur la plaque du four recouverte de papier sulfurisé. Cuire 12 minutes dans le four à 180 °C (th. 6) jusqu'à ce qu'ils soient bien dorés.

Sablés de Romans

100 g de beurre / 80 g de sucre en poudre / 1 sachet de sucre vanillé / 2 œufs / 200 g de farine.

Prép. : 15 min – Cuiss. : 15 min — 5 pers.

Dans un saladier, battre le beurre avec le sucre et le sucre vanillé puis ajouter les œufs et battre de nouveau. Tamiser la farine et pétrir.

Former une boule puis, avec un rouleau, abaisser la pâte sur une épaisseur de 5 mm.

Découper les biscuits avec un emporte-pièce. Disposer les gâteaux sur la plaque du four recouverte de papier sulfurisé.

Cuire 15 minutes dans le four à 180 °C (th. 6) jusqu'à ce qu'ils soient bien dorés.

Sablés vanille-chocolat

100 g de beurre / 50 g de sucre en poudre / 200 g de farine / 20 g de poudre de cacao / 2 cuil. à café d'extrait de vanille.

Prép. : 15 min – Cuiss. : 15 min 5 pers.
Réfrigération : 2 h

Dans un saladier, battre le beurre mou avec le sucre jusqu'à ce que le mélange blanchisse.

Répartir ce mélange dans 2 bols. Dans le premier bol, tamiser 100 g de farine et ajouter la poudre de cacao puis pétrir.

Dans le second bol, tamiser le reste de farine et ajouter l'extrait de vanille puis pétrir.

Faire 2 pâtons, les envelopper dans du film plastique et laisser reposer 1 heure au réfrigérateur.

Sortir les pâtes et les étaler au rouleau sur 5 mm d'épaisseur. Poser une pâte sur l'autre et les rouler ensemble. Laisser reposer 1 heure au réfrigérateur. Sortir la pâte et la découper en rondelles.

Disposer les gâteaux sur la plaque du four recouverte de papier sulfurisé. Enfourner pour 15 minutes dans le four à 180 °C (th. 6) jusqu'à ce qu'ils soient bien dorés.

Sablés à la vanille et aux amandes

100 g de beurre / 50 g de sucre en poudre / 1 jaune d'œuf / 2 cuil. à café d'extrait de vanille / 200 g de farine / 20 g de poudre d'amande / Une pincée de sel.

Prép. : 15 min – Cuiss. : 15 min 5 pers.

Dans un saladier, battre le beurre avec le sucre et le sel puis ajouter le jaune d'œuf et battre de nouveau. Ajouter l'extrait de vanille puis mélanger en tamisant la farine. Ajouter la poudre d'amande et pétrir.

Former une boule puis, avec un rouleau, abaisser la pâte sur une épaisseur de 5 mm.

Découper les biscuits avec un emporte-pièce. Disposer les gâteaux sur la plaque du four recouverte de papier sulfurisé. Enfourner pour 15 minutes dans le four à 180 °C (th. 6) jusqu'à ce qu'ils soient bien dorés.

Sablés viennois

260 g de farine / 30 g de cacao en poudre / 180 g de beurre / 80 g de sucre glace / 2 blancs d'œufs / Une pincée de sel.

5 pers. Prép. : 15 min – Cuiss. : 12 min

Dans un saladier, tamiser la farine avec le cacao en poudre. Dans un bol, battre le beurre ramolli pour qu'il devienne crémeux et le mélanger à la farine avec le sel et le sucre glace.

Battre légèrement les blancs d'œufs et les mélanger à la pâte.

Façonner des biscuits d'un diamètre de 5 cm à la main ou avec une douille et les disposer sur une plaque recouverte de papier sulfurisé.

Cuire 12 minutes dans le four préchauffé à 180 °C (th. 6).

Tuiles aux amandes

120 g de beurre / 100 g de sucre en poudre / 3 blancs d'œufs / 100 g de farine / 100 g d'amandes effilées.

Prép. : 15 min – Cuiss. : 8 à 10 min 5 pers.

Dans un saladier, mettre 100 g de beurre ramolli, ajouter le sucre et incorporer doucement les blancs d'œufs. Incorporer la farine et pétrir pour obtenir une pâte homogène.

Beurrer une plaque de cuisson. Pour former chaque pièce, déposer sur la plaque la valeur de 1 cuillerée à soupe de pâte et l'aplatir en un disque de 6 cm de diamètre avec le dos de la cuillère.

Espacer suffisamment chaque disque sinon ils se colleront les uns aux autres. Parsemer alors les disques d'amandes effilées.

Enfourner la plaque à 200 °C (th. 6-7) et bien surveiller la cuisson (environ 10 minutes) ; sortir les tuiles dès que leurs bords blondissent.

Les détacher rapidement de la plaque et les poser dans les gouttières (sans gouttière, les déposer sur le rouleau à pâtisserie ou sur une bouteille en verre pour qu'elles prennent leur forme). Laisser refroidir.

Tuiles au chocolat et aux amandes

120 g de beurre / 100 g de sucre en poudre / 3 blancs d'œufs / 80 g de farine / 100 g d'amandes effilées / 200 g de chocolat noir pour le nappage.

Prép. : 20 min – Cuiss. : 8 à 10 min 5 pers.

Dans un saladier, mettre 100 g de beurre ramolli, ajouter le sucre et incorporer doucement les blancs d'œufs. Incorporer la farine et pétrir pour obtenir une pâte homogène.

Beurrer une plaque de cuisson. Pour former chaque pièce, déposer sur la plaque la valeur de 1 cuillerée à soupe de pâte et l'aplatir en un disque de 6 cm de diamètre avec le dos de la cuillère.

Espacer suffisamment chaque disque sinon ils se colleront les uns aux autres. Parsemer alors les disques d'amandes effilées.

Enfourner la plaque à 200 °C (th. 6-7) et bien surveiller la cuisson (environ 10 minutes) ; sortir les tuiles dès que leurs bords blondissent.

Les détacher rapidement de la plaque et les poser dans les gouttières (sans gouttière, les déposer sur le rouleau à pâtisserie ou sur une bouteille en verre pour qu'elles prennent leur forme).

Faire fondre du chocolat noir à 70 % au bain-marie. Dès que les tuiles sont refroidies, étaler avec une spatule une fine couche de chocolat fondu sur la moitié de chaque face des tuiles.

Tuiles au miel

120 g de beurre / 100 g de miel / 100 g de sucre en poudre / 100 g de farine.

Prép. : 20 min – Cuiss. : 8 à 10 min
Repos : 1 h

5 pers.

Dans un saladier, mélanger 100 g de beurre fondu et le miel. Incorporer le sucre et la farine. Pétrir pour obtenir une pâte homogène.

Laisser reposer la pâte 1 heure au réfrigérateur.

Beurrer une plaque de cuisson. Pour former chaque pièce, déposer sur la plaque la valeur de 1 cuillerée à soupe de pâte et l'aplatir en un disque de 6 cm de diamètre avec le dos de la cuillère. Espacer suffisamment chaque disque. Mettre la plaque dans le four préchauffé à 180 °C (th. 6), sortir les tuiles dès que leurs bords blondissent (environ 10 minutes).

Les détacher rapidement de la plaque et les poser dans les gouttières (sans gouttière, les déposer sur le rouleau à pâtisserie ou sur une bouteille en verre pour qu'elles prennent leur forme).

Tuiles à l'orange

1 orange / 200 g de sucre en poudre / 50 g de farine / 120 g de beurre / 120 g d'amandes effilées.

5 pers. Prép. : 20 min – Cuiss. : 8 à 10 min
Repos : 1 h

Râper le zeste de l'orange.

Dans un saladier, mélanger le sucre et la farine puis ajouter le zeste de l'orange râpé et 10 cl de son jus.

Ajouter 100 g de beurre fondu et incorporer les amandes effilées puis pétrir.

Beurrer une plaque de cuisson. Pour former chaque pièce, déposer sur la plaque la valeur de 1 cuillerée à soupe de pâte et l'aplatir en un disque très fin de 6 cm de diamètre avec le dos de la cuillère. Espacer suffisamment chaque disque. Mettre la plaque dans le four préchauffé à 180 °C (th. 6), sortir les tuiles dès que leurs bords blondissent (environ 10 minutes).

Les détacher rapidement de la plaque et les poser dans les gouttières (sans gouttière, les déposer sur le rouleau à pâtisserie ou sur une bouteille en verre pour qu'elles prennent leur forme).

Tuiles pâte à tartiner chocolat-noisette

120 g de noisettes / 120 g de beurre / 100 g de sucre glace / 2 œufs / 180 g de pâte à tartiner au chocolat et aux noisettes / 40 g de farine.

Prép. : 20 min – Cuiss. : 8 à 10 min 5 pers.

Concasser les noisettes.

Dans un saladier, mélanger 100 g de beurre fondu, le sucre glace, les œufs et la pâte à tartiner. Tamiser la farine et pétrir pour obtenir une pâte homogène.

Beurrer une plaque de cuisson. Pour former chaque pièce, déposer sur la plaque la valeur de 1 cuillerée à soupe de pâte et l'aplatir en un disque de 6 cm de diamètre avec le dos de la cuillère. Espacer suffisamment chaque disque. Parsemer alors les disques avec les noisettes concassées en petits morceaux.

Enfourner la plaque à 190 °C (th. 6-7) et bien surveiller la cuisson (environ 10 minutes) ; sortir les tuiles dès que leurs bords blondissent.

Les détacher rapidement de la plaque et les poser dans les gouttières (sans gouttière, les déposer sur le rouleau à pâtisserie ou sur une bouteille en verre pour qu'elles prennent leur forme).

Cigarettes russes

4 blancs d'œufs / 90 g de beurre / 180 g de sucre en poudre / 1 sachet de sucre vanillé / 1/2 sachet de levure chimique / 90 g de farine / Une pincée de sel.

Prép. : 20 min – Cuiss. : 5 min 6 pers.

Battre les blancs en neige avec le sel. Mélanger le beurre aux sucres pour obtenir une crème. Ajouter ce mélange aux blancs en neige. Mélanger la levure à la farine puis les incorporer aux blancs.

Prendre des morceaux de pâte et les étaler en minces galettes. Les déposer sur la plaque de cuisson recouverte de papier sulfurisé. Enfourner la plaque à 230 °C (th. 7-8) et faire cuire les galettes pendant 5 à 6 minutes, éteindre le four et ouvrir la porte mais laisser les galettes pendant 2 à 3 minutes. Sortir les galettes une à une.

Enrouler 1 galette sur un crayon en serrant bien, retirer délicatement le crayon et recommencer avec les autres galettes. Laisser refroidir.

Langues-de-chat

90 g de sucre glace / 90 g de beurre ramolli / 2 blancs d'œufs / 120 g de farine / Une pincée de sel.

Prép. : 20 min – Cuiss. : 6 à 8 min 5 pers.

Dans un saladier, mélanger le sucre et le beurre ramolli pour obtenir une crème. Dans un autre récipient, mettre le sel et monter les blancs en neige avec un fouet électrique. Incorporer doucement les blancs en neige au mélange beurre-sucre. Verser la farine en pluie et mélanger afin d'obtenir une pâte lisse et homogène.

Avec une cuillère à café, façonner des langues-de-chat très fines (elles prendront du volume à la cuisson). Les disposer sur une plaque de cuisson recouverte de papier sulfurisé. Enfourner la plaque à 180 °C (th. 6) et faire cuire 6 à 8 minutes jusqu'à ce que les langues-de-chat prennent une couleur dorée sur les bords mais restent blondes au centre. Sortir la plaque du four et laisser refroidir.

Macarons au café

La crème au beurre café : *200 g de sucre en poudre / 3 œufs / 300 g de beurre mou / 40 g d'extrait de café.*
La pâte : *300 g de poudre d'amande / 50 g d'extrait de café / 600 g de sucre glace / 50 g de cacao en poudre / 7 blancs d'œufs.*

Prép. : 25 min – Repos : 3 h 30 min
Cuiss. : 15 à 18 min

20 gros macarons

Préparation de la crème au beurre café : dans une casserole, cuire le sucre dans 60 cl d'eau. Une fois un sirop obtenu, le verser sur les œufs puis mélanger et laisser refroidir. Une fois le mélange tiède, ajouter le beurre mou et l'extrait de café et mixer au batteur.

Préparation de la pâte : dans un saladier, tamiser la poudre d'amande, l'extrait de café, le sucre glace et le cacao en poudre. Dans un autre saladier, monter au fouet les blancs en neige et y verser le mélange précédent. Mélanger délicatement pour obtenir une pâte un peu coulante. C'est ce qu'on appelle « macaroner ».

Préparer une feuille de papier sulfurisé sur une plaque de cuisson. Avec une poche à douille de pâtissier assez large, faire des macarons de 7 cm de diamètre bien espacés.

Laisser reposer les macarons pendant 30 minutes à température ambiante.

Enfourner à 200 °C (th. 6-7) (ou à 150 °C, th. 5, pour un four à chaleur tournante) et laisser cuire 15 à 18 minutes en surveillant bien la cuisson (et en maintenant la porte du four entrebâillée avec le manche d'une cuillère en bois pour un four sans chaleur tournante). Le macaron est cuit quand il ne bouge plus, mais il ne doit pas changer de couleur. À la sortie du four, pour détacher les macarons, mouiller un peu le papier sur lequel ils ont cuit (en soulevant le papier et en faisant couler un peu d'eau en dessous) et attendre leur refroidissement complet.

Prendre la crème au beurre café et garnir la base plate de 10 macarons sur 20 et poser 1 macaron dessus. Les disposer dans un plat, les recouvrir de film plastique étirable et laisser reposer quelques heures au réfrigérateur avant de les déguster.

Macarons au chocolat noir

La ganache : *300 g de beurre mou / 300 g de chocolat noir à 70 % de cacao / 20 cl de lait.*
La pâte : *300 g de poudre d'amande / 50 g de cacao en poudre / 500 g de sucre glace / 7 blancs d'œufs.*

20 gros macarons Prép. : 25 min – Cuiss. : 30 min
Repos : 3 h 30 min

Préparation de la ganache : mettre le beurre ramolli dans un saladier et l'écraser à la fourchette jusqu'à ce qu'il soit onctueux. Dans un autre saladier, mettre le chocolat en petits morceaux. Porter le lait à ébullition et le verser petit à petit dans le chocolat en tournant pour faire fondre le chocolat. Puis ajouter petit à petit le beurre mou et mélanger doucement.

Préparation de la pâte : dans un saladier, tamiser la poudre d'amande, le cacao et le sucre glace. Dans un autre saladier, monter au fouet les blancs en neige et y verser le mélange précédent. Mélanger pour obtenir une pâte un peu coulante. C'est ce qu'on appelle « macaroner ».

Préparer une feuille de papier sulfurisé sur une plaque de cuisson. Avec une poche à douille de pâtissier assez large, faire des macarons de 7 cm de diamètre bien espacés.

Laisser reposer les macarons pendant 30 minutes à température ambiante.

Enfourner à 200 °C (th. 7-8) (ou 150 °C, th. 5, pour un four à chaleur tournante) et laisser cuire 15 à 18 minutes en surveillant bien la cuisson (et en maintenant la porte du four entrebâillée avec le manche d'une cuillère en bois pour un four sans chaleur tournante). Le macaron est cuit quand il ne bouge plus, mais il ne doit pas changer de couleur. À la sortie du four, pour détacher les macarons, mouiller un peu le papier sur lequel ils ont cuit (en soulevant le papier et en faisant couler un peu d'eau en dessous) et attendre leur refroidissement complet.

Prendre la ganache tiède et molle et garnir la base plate de 10 macarons sur 20 et poser 1 macaron dessus. Les disposer dans un plat, les recouvrir de film plastique étirable et laisser reposer quelques heures au réfrigérateur avant de les déguster.

Macarons

250 g de sucre en poudre / 125 g de poudre d'amande / 3 blancs d'œufs.

Prép. : 20 min – Cuiss. : 15 min 6 pers.

Dans un saladier, mélanger le sucre et les amandes en poudre.

Monter les blancs d'œufs puis les ajouter en fouettant énergiquement pendant 5 minutes.

Avec une cuillère à café, déposer des tas de pâte sur une feuille de papier sulfurisé. Enfourner dans un four préchauffé à 190 °C (th. 6-7).

Pour détacher les macarons, mouiller un peu le papier sur lequel ils ont cuit (en soulevant le papier et en faisant couler un peu d'eau en dessous) et attendre leur refroidissement complet.

Biscuits au citron

120 g de beurre ramolli / 60 g de sucre glace / 180 g de farine / Le zeste râpé de 1/2 citron / 1 blanc d'œuf / 10 cl de lait / Une pincée de sel.

Prép. : 20 min – Cuiss. : 12 à 15 min 6 pers.

Dans un saladier, battre le beurre avec le sucre et le sel puis tamiser la farine et ajouter le zeste de citron. Incorporer le blanc d'œuf et mélanger avec les doigts.

Former une boule puis, avec un rouleau, abaisser la pâte sur une épaisseur de 2 à 3 mm.

Découper les biscuits avec un emporte-pièce. Disposer les gâteaux sur la plaque du four recouverte de papier sulfurisé. Avec un pinceau, badigeonner les biscuits avec un peu de lait.

Enfourner pour 12 à 15 minutes dans le four à 180 °C (th. 6) jusqu'à ce qu'ils soient bien dorés.

Biscuits aux figues

40 g de noisettes en petits morceaux / 200 g de figues sèches / 1 œuf / 120 g de beurre ramolli / 80 g de sucre glace / 180 g de farine / 4 cuil. à soupe de lait / Une pincée de sel.

Prép. : 20 min – Cuiss. : 12 à 15 min 6 pers.

Concasser les noisettes en tout petits morceaux. Couper les figues en petits morceaux.

Dans un saladier, battre l'œuf, le beurre et le sucre afin d'obtenir une mousse blanche et épaisse. Ajouter la farine, le sel, le lait, les noisettes et les figues. Bien mélanger avec les doigts.

Avec une cuillère à soupe, disposer et façonner des petits disques de pâte sur la plaque du four recouverte de papier sulfurisé. Enfourner 12 à 15 minutes dans le four à 180 °C (th. 6) jusqu'à ce qu'ils soient bien dorés. À déguster tiède.

Petits biscuits de Noël

120 g de beurre ramolli / 80 g de sucre en poudre / 1 sachet de sucre vanillé / 1 œuf + 1 jaune / 200 g de farine / 70 g d'amandes en poudre / 1 cuil. à café de cannelle en poudre / Une pincée de sel.

6 pers. Prép. : 20 min – Cuiss. : 15 min

Dans un saladier, battre le beurre ramolli avec le sucre, le sucre vanillé et le sel. Ajouter l'œuf entier et battre de nouveau. Tamiser la farine et ajouter la poudre d'amande, la cannelle et pétrir.

Former une boule puis, avec un rouleau, abaisser la pâte sur une épaisseur de 3 mm.

Découper les biscuits avec des emporte-pièces en forme de sapin, d'étoile, de croissant de lune, etc. Disposer les gâteaux sur la plaque du four recouverte de papier sulfurisé et les badigeonner avec le jaune d'œuf. Enfourner pour 15 minutes dans le four à 180 °C (th. 6) jusqu'à ce qu'ils soient bien dorés.

Les petits Nantais

90 g de beurre salé / 20 g de beurre doux / 80 g de sucre en poudre / 1 œuf + 2 jaunes d'œufs / 220 g de farine.

Prép. : 10 min – Cuiss. : 10 min
Repos : 30 min
5 pers.

Dans un saladier, mélanger les beurres ramollis au sucre en poudre jusqu'à ce que le mélange blanchisse. Toujours en mélangeant, incorporer les 2 jaunes d'œufs. Verser la farine en pluie et mélanger. Former un rouleau de pâte de 5 cm de diamètre et l'envelopper dans du film plastique avant de le laisser reposer 30 minutes au réfrigérateur.

Découper le rouleau de pâte en petits disques d'une épaisseur de 1 cm. Disposer les gâteaux sur la plaque du four et les badigeonner avec l'œuf battu. Enfourner pour 10 minutes dans le four à 180 °C (th. 6) jusqu'à ce qu'ils soient bien dorés.

Les petits-beurre

80 g de beurre ramolli / 80 g de sucre en poudre / 200 g de farine / 40 g d'amandes en poudre / 1 jaune d'œuf.

Prép. : 10 min – Cuiss. : 10 à 12 min
Repos : 2 h
5 pers.

Dans un saladier, mélanger le beurre ramolli et le sucre en poudre. Tamiser la farine avec la poudre d'amande. Incorporer la farine au beurre, ajouter 5 cl d'eau et pétrir afin d'obtenir une pâte homogène et lisse.

Laisser reposer 2 heures au frais.

Avec un rouleau, abaisser la pâte sur une épaisseur de 2 à 3 mm.

Découper les biscuits en petits rectangles (ou avec un emporte-pièce carré ou rectangulaire). Disposer les gâteaux sur la plaque du four recouverte de papier sulfurisé. Avec un pinceau, badigeonner les biscuits avec le jaune d'œuf.

Cuire 10 à 12 minutes dans le four à 180 °C (th. 6) jusqu'à ce qu'ils soient bien dorés.

Palmiers

Pour la pâte feuilletée : *200 g de farine de gruau / 200 g de beurre ramolli / Deux pincées de sel.*
Pour les palmiers : *100 g de sucre en poudre.*

Prép. : 20 min – Cuiss. : 12 min — 6 pers.
Repos : 13 h 50 min

Préparation de la pâte feuilletée : mélanger la farine, 10 cl d'eau et le sel pour obtenir une pâte grossière. Laisser reposer pendant 20 minutes.

Avec un rouleau, abaisser la pâte en forme de trèfle à quatre feuilles et mettre le beurre au centre. Replier la pâte sur le beurre. Abaisser de nouveau pour obtenir un rectangle de 30 cm de long et le plier en trois.

Abaisser de nouveau, envelopper la pâte dans du film alimentaire et la mettre au frais pendant 20 minutes.

Renouveler l'opération deux fois de suite en respectant le temps de repos de 20 minutes entre chaque phase. Laisser reposer au frais pendant 12 heures.

Sortir la pâte du réfrigérateur, la saupoudrer de sucre en poudre. La couper en carré et la rouler sur elle-même sur les deux côtés en ne serrant pas trop jusqu'à ce que les deux rouleaux se touchent.

Déposer la pâte au congélateur pendant 30 minutes, elle sera plus facile à découper. Découper la pâte en fines tranches (en forme de palmiers). Disposer les palmiers sur la plaque de cuisson du four recouverte de papier sulfurisé. Ajouter du sucre pour qu'ils soient bien caramélisés.

Cuire 12 minutes dans le four à 190 °C (th. 6-7) jusqu'à ce qu'ils soient bien dorés. Laisser les palmiers refroidir sur une grille.

TABLE DES MATIÈRES

Dépôt légal 3e trim. 2006 n° 3 183

Imprimé en U.E.